Mes carnets aux questions

Les inventions

par professeur Génius

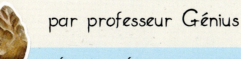

QUÉBEC AMÉRIQUE jeunesse

Catalogage avant publication de Bibliothèque et Archives Canada

Professeur Génius
  Les inventions
  (Mes carnets aux questions)
  Comprend un index.
  Pour les jeunes de 7 ans et plus.

  ISBN 978-2-7644-0848-3

  1. Inventions - Ouvrages pour la jeunesse. 2. Inventions - Histoire - Ouvrages pour la jeunesse. I. Titre. II. Collection.

T48.P76 2007   j609   C2006-941748-2

Les inventions, Mes carnets aux questions, a été conçu et créé par :

QUÉBEC AMÉRIQUE

Québec Amérique Jeunesse
une division des
Éditions Québec Amérique inc.
3ᵉ étage
329, rue de la Commune Ouest
Montréal (Québec)
H2Y 2E1 Canada

T 514.499.3000   F 514.499.3010
www.quebec-amerique.com

Il est interdit de reproduire ou d'utiliser le contenu de cet ouvrage, sous quelque forme et par quelque moyen que ce soit — reproduction électronique ou mécanique, y compris la photocopie et l'enregistrement — sans la permission écrite de l'éditeur.

© 2007 Éditions Québec Amérique inc., tous droits réservés.

Imprimé et relié à Singapour.
10 9 8 7 6 5 4 3 2 1   13 12 11 10 09 08 07

Nous reconnaissons l'aide financière du gouvernement du Canada par l'entremise du Programme d'aide au développement de l'industrie de l'édition (PADIÉ) pour nos activités d'édition.

Conseil des Arts du Canada   Canada Council for the Arts

Gouvernement du Québec – Programme de crédit d'impôt pour l'édition de livres – Gestion SODEC.

Les Éditions Québec Amérique bénéficient du Programme de subvention globale du Conseil des Arts du Canada. Elles tiennent également à remercier la SODEC pour son appui financier.

Les personnages qui peuplent l'univers du professeur Génius sont pure fantaisie. Toute ressemblance avec des personnes vivantes serait fortuite. Bien que les faits qu'ils contiennent soient justes, les articles de journaux, lettres d'époque, livres et revues tirés de la collection personnelle du professeur sont également issus de l'imaginaire des créateurs de ce carnet.

www.geniusinfo.net

Table des matières

Qui a inventé le feu ?	5
Quel est le premier objet qui a été inventé ?	8
Qui a inventé les mots ?	10
Qui a inventé notre alphabet ?	12
Qui a créé le parfum ?	15
Qui a inventé les bateaux ?	18
Depuis quand l'argent existe-t-il ?	21
Qui a inventé les patins à glace ?	25
Qui a inventé le savon ?	28
Qui a inventé la roue ?	31
Depuis quand les skis existent-ils ?	36
Qu'est-ce que la soie ?	38
Qui a inventé le papier ?	41
Qui a inventé les chiffres ?	44
Qui a inventé le chocolat ?	47
Comment faisait-on quand le réfrigérateur n'existait pas ?	50
Quand les premiers métiers sont-ils apparus ?	53
Qui a eu l'idée de construire des maisons ?	56
Quand les premiers jouets ont-ils été inventés ?	58
Qui a inventé les bijoux ?	61
Qui a inventé le chauffage ?	64
À quoi sert un boulier ?	68
Quand le dentifrice a-t-il été inventé ?	71
Comment se soignait-on avant l'invention des médicaments ?	74
Depuis quand la poste existe-t-elle ?	77
Qui a inventé la musique ?	80
Depuis quand le pain existe-t-il ?	83
Depuis quand les couverts existent-ils ?	87
Quand la crème glacée a-t-elle été inventée ?	91

À toi qui ouvres ce carnet,

Beaucoup d'inventions ont bouleversé nos habitudes de vie. Certaines ont même changé le monde, tu sais ! Indispensables, pratiques, drôles, sérieuses et parfois même délicieuses, toutes ces inventions ont une histoire que je trouve à chaque fois passionnante. Ces histoires intéressent aussi de nombreux jeunes curieux. J'ai rassemblé ici toutes les questions concernant les inventions apparues au cours de la Préhistoire et de l'Antiquité (soit entre l'apparition de l'être humain il y a cinq millions d'années et l'an 476). Qui a inventé la roue ? Quand la crème glacée a-t-elle été inventée ? Depuis quand le papier existe-t-il ? Je réponds à ces questions dans ce carnet, ainsi qu'à de nombreuses autres, en m'appuyant sur des schémas simples, des photographies et des illustrations.

Continue à te poser des questions et laisse ton imagination déborder ! Peut-être seras-tu ainsi un des inventeurs de demain...

Bonne lecture !

professeur Génius

> Cher professeur,
> Pouvez-vous me dire qui a inventé le feu ?
> Merci beaucoup.
> Émilie, 7 ans

Chère Émilie,

Voilà une question très intéressante ! En fait, Émilie, le feu n'est pas tout à fait une invention... Pour que tu comprennes bien pourquoi, laisse-moi t'expliquer la différence entre une « invention » et une « découverte ». Une invention est une nouveauté créée par l'être humain, quelque chose qui n'existait pas auparavant. Il peut s'agir d'un objet, d'un outil ou d'un matériau. Une découverte, quant à elle, est une chose ou un phénomène qui, pour la première fois, a été observé ou compris, mais qui existait déjà dans la nature. Ainsi, chère Émilie, le feu est une découverte et non une invention...

Par contre, les nombreuses façons de faire du feu sont des inventions. (Pense au briquet ou aux allumettes, par exemple.) Revenons maintenant à ta question ! L'un des plus vieux indices de l'utilisation du feu par les êtres humains a été retrouvé dans une grotte d'Afrique du Sud. Des os fossilisés, âgés d'environ 1,5 million d'années, indiquent que les êtres humains de l'époque avaient fait cuire une antilope. On pense que c'est grâce aux feux de brousse, allumés par la foudre, que ces humains de la Préhistoire ont réussi à se procurer la flamme et à la ramener jusqu'à leur campement. Comment ont-ils fait ? Personne ne le sait vraiment... On peut imaginer qu'un membre courageux de la tribu s'est approché de ce monstre brûlant pour enflammer un bâton de bois. La tribu a ensuite probablement veillé sur cette flamme, jour et nuit. Il ne fallait surtout pas qu'elle s'éteigne car on ne savait pas encore comment fabriquer le feu ! C'est seulement un million d'années plus tard que les êtres humains ont inventé les premiers moyens de faire du feu.

Tu sais, Émilie, cette découverte a, sans aucun doute, changé la vie des êtres humains. Ils pouvaient désormais s'en servir pour faire peur aux animaux sauvages et faire cuire la viande et les végétaux qu'ils mangeaient. Ils pouvaient aussi, grâce à la lumière de la flamme, s'installer dans des cavernes autrefois trop sombres pour y habiter. C'est peu de choses pour nous qui sommes habitués à notre confort mais, à l'époque, c'était une fameuse révolution !

Bien à toi,

Génius

```
Objet : Première invention
Date : 15 septembre 2006
À : professeur Génius

Cher Génius,
Savez-vous quel est le premier objet qui a été
inventé? Si oui, merci de me le dire :-)

À bientôt,
Rémi, 7 ans
```

Mon cher Rémi,

Le plus vieil objet connu qui a été inventé est un outil. En fait, il s'agit du hachoir, une pierre taillée à l'aide d'une autre pour la rendre coupante. Son inventeur est un des premiers êtres humains, « Homo habilis ». Tu sais, Rémi, ce hachoir était très pratique! Il servait à découper la viande des animaux (peut-être des antilopes ou des éléphants), à travailler le bois ou à casser la coque des noix. Les plus anciennes de ces pierres taillées ont été retrouvées en Tanzanie, un pays de l'Est de l'Afrique. Elles remontent à plus de 2,5 millions d'années! Au fil du temps, cet outil a constamment été

Hachoir

amélioré. Après les hachoirs, les humains fabriquèrent des bifaces. Ces pierres, souvent issues d'une roche appelée silex, étaient taillées sur les deux faces. Le résultat était un outil mince et très pointu, aussi tranchant que le verre ! Puis, peu à peu, des outils furent inventés pour accomplir des tâches particulières. Les êtres humains taillèrent des pierres en forme de pointe pour fabriquer des lances et des flèches pour la chasse. Ils utilisèrent des petits os pour fabriquer des aiguilles à coudre ou des hameçons pour la pêche.

Je dois te dire, Rémi, que tous ces outils furent à la base d'énormes progrès. Grâce à eux, les êtres humains ont pu s'habiller, chasser, fabriquer des maisons et... inventer d'autres outils !

Affectueusement,
Génius

Biface

Flèches et lance

> Monsieur Génius,
> Pouvez-vous me dire qui a inventé les mots ?
> Merci beaucoup.
> Anna, 6 ans

Chère Anna,

Les mots... Voilà sans doute la plus grande et la plus ingénieuse invention humaine. Grâce aux mots, nous pouvons discuter, écrire, chanter... Difficile d'imaginer notre vie sans eux, n'est-ce pas ? Tout a commencé avec les premiers humains qui ont rapidement éprouvé le besoin d'échanger de l'information, des pensées et de raconter leur quotidien. C'est de ces besoins que sont nés les mots, tu sais... Il y a plus de 5 000 ans, les mots furent écrits pour la première fois par les Sumériens, un peuple qui vivait sur les rives des fleuves Tigre et Euphrate, dans ce qui est aujourd'hui l'Irak. Chaque mot était alors représenté par un petit dessin différent.

Cette première écriture était formée d'environ 2000 signes ! Au fil des siècles, elle a beaucoup évolué : les dessins représentant les objets sont devenus de simples traits en forme de clous (on l'a alors appelée écriture « cunéiforme », ce qui signifie « en forme de coin »). Je te laisse constater par toi-même l'impressionnante évolution du mot « oiseau » :

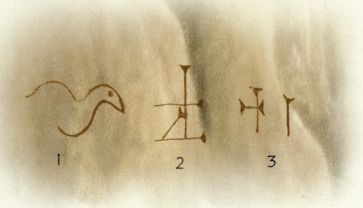

1   2   3

Petit à petit, chacune des civilisations de l'Antiquité inventa son propre système d'écriture. Ainsi naquirent les écritures grecque, chinoise et égyptienne.

Bien sûr, ces écritures ont beaucoup évolué, chacune de son côté. Certaines sont apparues, d'autres se sont éteintes... Voilà pourquoi aujourd'hui, les écritures sont très différentes les unes des autres.

Je t'embrasse,
professeur Génius

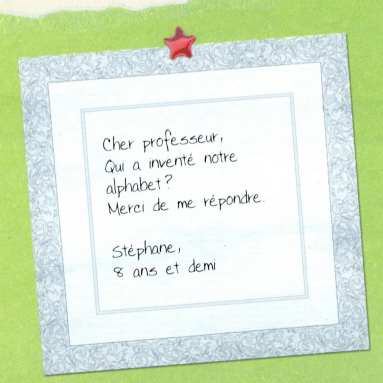

Cher professeur,
Qui a inventé notre alphabet ?
Merci de me répondre.

Stéphane,
8 ans et demi

Cher Stéphane,

« ABCDEFG... HIJKLMNOP... QRSTUVWXYZ... maintenant je les connais, toutes les lettres de l'alphabet. » Connais-tu cette chanson ? C'est un moyen rigolo qui permet de mémoriser les 26 lettres de l'alphabet ! Pour découvrir qui a inventé notre alphabet, revenons, si tu le veux bien, à l'écriture sumérienne (dont je parlais précédemment à Anna). Avec ses 2000 petits dessins différents, cette écriture était difficile à apprendre et à mémoriser ! Imagine un instant que, pour écrire correctement, il fallait connaître tous ces petits signes... Pas facile ! Pour résoudre ce problème, les Phéniciens (un peuple qui habitait la côte Est de la Méditerranée) inventèrent l'ancêtre de notre alphabet. C'était il y a environ 3300 ans ! Cet alphabet était formé de 22 consonnes qui représentaient tous les sons possibles de la

langue phénicienne.
Cinq cents ans plus tard, les Grecs perfectionnèrent l'invention en imaginant les voyelles et les ancêtres de la ponctuation. Mais ce n'est pas tout, Stéphane ! Ils ont aussi nommé cette suite de lettres « alphabet ». Ce mot combine les deux premières lettres de l'alphabet grec : « alpha » et « bêta ».

Quatre cents autres années plus tard, les Romains s'inspirèrent de cet alphabet grec pour former le leur : ils ont retenu 19 des lettres grecques puis ont inventé un peu plus tard 7 autres lettres. L'alphabet latin était formé ! Avec ses 6 voyelles et ses 20 consonnes, c'est l'alphabet que nous utilisons encore aujourd'hui !

Bien à toi,
Génius

> Cher Génius,
> Quand j'embrasse ma maman, je sens l'odeur de son parfum. Il me rappelle le parfum des fleurs du champ à côté de chez moi !!
> Pouvez-vous me dire qui a créé le parfum ?
> Merci.
> Sophie, 9 ans

Ma chère Sophie,

Ta question me rappelle de bien beaux souvenirs... Je me souviens de l'odeur du parfum au jasmin que portait ma grand-mère quand je me blottissais dans ses bras... Ou bien de celle de l'eau de Cologne de mon père quand il me soulevait pour m'embrasser. Depuis, quand je sens ces parfums, je me souviens d'eux et j'en éprouve une grande tendresse. Pour revenir à ta question, Sophie, personne ne sait vraiment qui a inventé le parfum. On sait cependant qu'il existe depuis bien longtemps... Les Sumériens en utilisaient déjà il y a environ 5000 ans. Mais ce sont les habitants de l'Égypte ancienne qui l'ont perfectionné et qui en ont fait un usage important. Les Égyptiens considéraient le parfum comme un bien sacré. Ils faisaient brûler de l'encens toute la journée pour rendre hommage à leurs dieux. Par coquetterie, ils appliquaient aussi régulièrement de la graisse parfumée sur leur corps. La reine Cléopâtre, qui régnait sur l'Égypte il y a plus de 2000 ans, adorait le parfum. En plus de se parfumer elle-même, elle en imprégnait les tissus qui l'entouraient, notamment ses voiles de bateaux ! On dit même que c'est de cette façon qu'elle avait séduit l'empereur romain Jules César... Amusant, non ? Les Égyptiens transmirent leur amour du parfum aux Romains et aux Grecs. Ce sont d'ailleurs les Romains qui ont été les premiers à emprisonner toutes ces senteurs dans des flacons de verre.

Encens

Le parfum de l'époque antique était fabriqué à partir de fleurs, de plantes aromatiques (comme le romarin, la verveine ou la coriandre), de résines ou de bois parfumés (comme la cannelle, le cèdre et le santal). Ces plantes parfumées étaient plongées dans de l'huile végétale ou animale. Pourquoi ? Eh bien, parce que l'huile piège les odeurs... Ensuite, il suffisait de brûler cette huile ou d'en enduire son corps pour que le parfum diffuse. Aujourd'hui, plus besoin d'huiles et de plantes odorantes pour fabriquer du parfum ! Les chimistes recréent de façon artificielle les odeurs naturelles et en inventent même de nouvelles... Toi, Sophie, as-tu un parfum préféré parmi tous ceux qui existent ?

Affectueusement,
professeur Génius

Cannelle

Cet été, pendant mes vacances, j'ai visité le Musée naval de Québec. J'ai adoré les modèles réduits des anciens bateaux, les bouées, les drapeaux de signalisation. Je me demandais... Savez-vous qui a inventé les bateaux ?

Germain, 8 ans

Tu seras sans doute surpris d'apprendre que les premiers aventuriers de la navigation étaient les êtres humains de la Préhistoire... Il y a 10 000 ans, ils voguaient déjà sur les flots en utilisant de simples troncs d'arbre creusés à l'aide d'outils de pierre ! Au tout début, les hommes utilisaient la paume de leurs mains pour cheminer sur l'eau. Puis, ils ont eu l'idée d'appuyer une longue perche de bois sur le fond de l'eau pour avancer. C'était pratique, mais tu imagines bien que lorsque l'eau était très profonde, la perche

Tronc évidé   Bateau à voile égyptien

devenait inutile. Ces navigateurs de la Préhistoire ont alors inventé les rames. Leurs frêles embarcations pouvaient ainsi naviguer en eaux profondes. Depuis, les bateaux n'ont jamais cessé d'évoluer. Les civilisations anciennes ont compris toute l'importance de ce moyen de transport pour la pêche, l'exploration, le commerce et parfois, pour la guerre... Ces peuples étaient tous si talentueux et ingénieux ! Il y a près de 5 500 ans, les Égyptiens étaient les maîtres dans l'art de construire des bateaux à voiles. Portés par le vent, ces bateaux pouvaient transporter de lourdes marchandises. Pendant plus de 6 000 ans, les bateaux à voiles seront perfectionnés par tous les peuples de la Terre.

Caravelle (15ᵉ siècle)

C'est seulement après l'invention du bateau à vapeur, en 1783, que le navire à voile sera détrôné. Ce nouveau bateau possédait une grande roue munie de pales (des aubes). Le moteur à vapeur faisait tourner la roue et quand ses pales entraient dans l'eau, elles faisaient avancer le navire. Plus besoin de muscles pour ramer ni de vent dans les voiles pour avancer… C'était un énorme progrès ! Aujourd'hui, les bateaux sont de plus en plus gros. Ils avancent beaucoup plus vite, grâce à leurs hélices et à d'énormes moteurs diesels. Ils traversent les océans très rapidement… Si tu le veux bien, comparons avec le bateau des premiers explorateurs, au 15e siècle. Ces derniers ont relié l'Espagne aux Antilles en 70 jours. Eh bien, le Queen Mary 2, un des derniers paquebots construits, le fait en 7 jours. Il est donc 10 fois plus rapide !

Bien à toi,
Génius

Roue

Bateau à vapeur

Monsieur le professeur,
Est-ce que ça fait longtemps que l'argent existe ?
Je vous embrasse.
Marilou, 7 ans

Chère Marilou,

Voilà une question très intéressante ! Les premières pièces de monnaie connues sont apparues en Lydie (la Turquie actuelle) il y a un peu plus de 2650 ans. Alors, comment se débrouillaient les peuples avant cette ingénieuse invention ? As-tu une idée ? Eh bien, les gens faisaient du troc... Cela signifie qu'ils échangeaient un service ou un objet contre un autre. Prenons un exemple...

Supposons que tu te rendes
à un comptoir laitier pour
te procurer une crème glacée.
Sans argent, le seul moyen de
« payer » ta crème glacée serait
de faire un échange : ta crème
glacée contre trois tabliers !... Bien sûr,
pour que cet échange soit valable, il faut
que l'objet que tu donnes ait la même valeur
que celui que tu veux acquérir. Au temps
du troc, la valeur des objets et des services
était déterminée en fonction des besoins.
Ainsi, les trois tabliers ont de la valeur pour
le glacier qui ne tachera plus ses vêtements
en servant la crème glacée... À l'époque, on
utilisait surtout des biens précieux comme des
coquillages, du bétail, du sel ou du métal pour
acheter un objet ou un service.

Mais ce système d'échange n'était pas parfait... Le bétail était très encombrant et les objets comme les barres de métal devaient être constamment pesés pour déterminer leur valeur.

La première monnaie qui apparut en Lydie était faite à partir d'électrum, un mélange naturel d'or et d'argent. La rivière Pactole qui parcourait le pays en était remplie. Les pièces étaient frappées, d'un côté avec le symbole du roi, et de l'autre, avec un symbole qui garantissait la valeur de la pièce. Ce système, très pratique, fut rapidement adopté par les pays voisins de la Lydie. Ainsi, pendant les quatre siècles qui suivirent, des centaines de cités commencèrent à fabriquer leur propre monnaie.

Monnaie lydienne

Monnaie macédonienne

Monnaie gauloise

À partir de ce moment, l'argent facilita les échanges et les transactions commerciales se multiplièrent. La monnaie, depuis, a beaucoup évolué : aujourd'hui, tu peux payer les articles que tu veux acheter avec de la monnaie mais aussi avec un billet, un chèque ou une carte de crédit.

Bonne dégustation !
professeur Génius

Objet : Les inventeurs des patins à glace
Date : 5 janvier 2007
À : professeur Génius

Cher Génius,
Mon sport préféré, c'est le hockey! J'aimerais bien jouer dans une équipe, mais pas tout de suite parce que je ne sais pas encore très bien freiner… Pouvez-vous me dire qui a inventé les patins à glace?
Merci!

Martin, 6 ans

Bonjour Martin,

C'est amusant! Cette question, je l'ai moi-même posée à mon père alors que j'avais le même âge que toi! Il m'avait emmené avec lui à un match de hockey quand cette question m'a titillé l'esprit. Tu seras sans doute aussi surpris par sa réponse que je l'ai été! Les patins à glace sont âgés de plus de… 3000 ans! Ils sont originaires de la Scandinavie, une région du Nord de l'Europe. Les lames des patins étaient alors fabriquées avec l'os d'un gros animal, comme le renne ou l'élan. L'os était fixé à la chaussure à l'aide de lanières de cuir.

Premier patin scandinave

En fait, Martin, cet assemblage n'était pas encore très stable... Pour avancer et garder son équilibre, le patineur devait utiliser un bâton!

Les premiers patins munis d'une lame de fer ont également été conçus en Scandinavie, il y a plus de 1700 ans. Quelques siècles plus tard, les Vikings, un peuple de navigateurs originaires de cette région, exportèrent ces patins dans le monde. Ceux-ci ont été adoptés par de nombreux autres pays qui les

Patin moderne

ont de plus en plus perfectionnés. D'ailleurs, les premiers patins à lames aiguisées sont apparus en Hollande, au 14e siècle. Dès lors, plus besoin de bâton pour se déplacer! Un simple coup de patin suffit.

Voilà, mon ami! Tu sais tout sur les origines du patin à glace. À bientôt et continue de t'entraîner! Tu arriveras très vite à t'arrêter!

Ton ami Génius

> Bonjour prof, quand je prends mon bain, je me nettoie avec du savon qui mousse beaucoup. C'est chouette! J'aimerais bien savoir qui a inventé le savon. Vous, le savez-vous?
> Merci.
> Ella, 9 ans

Chère Ella,

La longue histoire du savon remonte à bien longtemps... Il semble que les Sumériens avaient déjà remarqué les capacités nettoyantes de certaines huiles associées à des cendres de végétaux. C'était il y a près de 5 000 ans... Ce mélange donnait une sorte de savon mou. Sais-tu ce qui est surprenant, Ella? Eh bien, ce savon n'était pas utilisé pour laver le corps... Pour se laver, les êtres humains utilisaient de l'eau, du sable et parfois des cendres qu'ils rinçaient ensuite. Le savon, quant à lui, était employé pour laver le linge ou comme remède contre les maladies de la peau. Mais jamais pour la toilette quotidienne !... Les Gaulois (les anciens Français) et les Germains (les anciens Allemands) s'en servaient aussi pour pâlir leurs cheveux. Ce n'est qu'à partir du 2e siècle que les Romains l'utilisèrent pour se laver le corps.

Depuis, le savon a bien changé. Celui avec lequel nous nous lavons aujourd'hui est souvent fabriqué dans des usines.

Toutefois, Ella, pour te débarrasser des petites peaux mortes et des microbes responsables de la saleté et des mauvaises odeurs, essaie de te laver avec un savon le plus naturel possible (à l'huile d'olive ou au lait de chèvre, comme la belle Cléopâtre...). C'est que, vois-tu, certains savons contiennent des ingrédients chimiques qui peuvent irriter ta peau !

Affectueusement,
Génius

```
Objet : La roue
Date : 15 février 2007
À : professeur Génius
```

Bonjour monsieur le professeur,
À l'école, on fait un projet sur la roue. J'ai besoin de savoir quand elle a été inventée et aussi pourquoi c'est une des plus importantes inventions. Merci pour votre aide !

Répondez-moi vite !

Léa, 8 ans

Ma chère Léa,

Depuis longtemps déjà, avec mon ami Izin Spaice, nous partons chaque année faire une randonnée à vélo. Nous avons visité quantité d'endroits magnifiques... la plaine centrale de la Thaïlande, le désert d'Atacama en Amérique du Sud, la pointe Sud de l'Inde,

les pays d'Europe de l'Est. Prochaine destination : nous partons à la rencontre de la culture berbère, au cœur du Maroc, en Afrique du Nord. Je suis impatient ! Tu te demandes sans doute pourquoi je te raconte tout ça... J'y viens, mon amie. Sans l'invention de la roue, Izin et moi n'aurions jamais pu faire tous ces périples magiques ; car sans roues... pas de vélo ! C'est la même chose pour tous les moyens de transport roulants, comme la voiture et l'autobus.

La roue est aussi une composante indispensable à la création d'autres objets de la vie quotidienne. Je pense aux moulins à eau,

Cassette audio

Batteur à œufs

Scie circulaire

Montre

Essoreuse à salade

Poulie

aux horloges, au batteur à œufs ou à l'essoreuse à salade... Voilà pourquoi la roue est une des plus grandes inventions du génie humain ! Si tu as d'autres exemples d'objets qui emploient une roue, envoie-les moi ! Il y en a des centaines...

Voyons maintenant comment est née cette merveille... La roue aurait été inventée par les Sumériens, il y a 5 500 ans. Elle a d'abord consisté en une simple tranche de tronc d'arbre. Elle a aussi été faite de planches de bois assemblées de manière à former une surface pleine et ronde. Au fil des siècles, la roue est devenue plus légère (donc plus rapide) grâce à l'invention des traverses et, plus tard, des rayons. Selon l'endroit du monde et le moment où elle a été utilisée, la roue a eu plusieurs aspects.

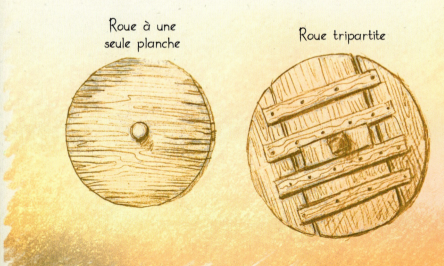

Roue à une seule planche

Roue tripartite

Je t'en ai dessiné quelques-uns.

À bientôt, Léa, et bon projet !

Génius

Cher professeur,

Cette année, c'est la première fois que je suis monté sur des skis. C'est bien mais ça fait un peu peur... Est-ce que ça existe depuis longtemps, les skis ?

Merci de me répondre,
Jérôme, 7 ans

Cher Jérôme,

Tu seras sans doute surpris d'apprendre que l'invention du ski est très ancienne... La plus vieille représentation de skieurs a été retrouvée non loin de la mer Blanche, dans le Nord-Ouest de la Russie. Il s'agit d'une gravure sur la paroi d'une grotte qui aurait été réalisée il y a plus de 6000 ans. Les skis seraient donc plus anciens que la roue ! Incroyable, n'est-ce pas ? Les plus vieux ont été découverts à Hoting, en Suède. Ils ont plus de 5000 ans ! Ces vieux skis mesuraient environ deux mètres et une sorte de pelle remplaçait les bâtons... D'autres peintures et d'autres vestiges de skis ont été mis au jour dans des régions comme la Norvège, le Nord de la Russie, l'Asie centrale... Tu vois, Jérôme, ces indices du passé indiquent que le ski s'est développé dans des régions où les hivers étaient rudes et enneigés. À cette époque, skier n'était pas un loisir mais plutôt un mode de locomotion très pratique. En effet, le ski permettait de se mouvoir sur la neige sans s'y enfoncer. Ainsi, durant des milliers d'années, ce fut l'unique moyen de déplacement pendant l'hiver pour les habitants des pays du Nord. Ils pouvaient aussi chasser et pêcher beaucoup plus facilement. Ce n'est qu'au 19e siècle que le ski est devenu un loisir apprécié de tous.

Bien à toi, Génius

> Dites, monsieur Génius, c'est quoi la soie ?
>
> Lucie, 6 ans et demi

Bonjour Lucie !

La soie est un fil souple et élastique avec lequel on fabrique des tissus d'une grande qualité. Selon une vieille légende, elle aurait été découverte en Chine, il y a plus de 4 600 ans. Cette histoire est tellement poétique que j'ai envie de te la raconter... Leizu, l'épouse de l'empereur chinois Huangdi, était confortablement installée à l'ombre d'un mûrier de son jardin. Elle s'apprêtait à boire son thé quand un cocon tomba dans sa tasse. En voulant le retirer, elle saisit un fil du cocon qui n'en finit plus de se dérouler... Surprise, elle le tissa. Le tissu qui en résulta était si doux et soyeux qu'elle décida d'élever les chenilles

Bombyx du mûrier

qui fabriquent ces cocons afin d'utiliser leur précieux fil. Belle histoire, non ?

Ver à soie

Ce fil de soie est produit par le ver à soie, la chenille d'un papillon de nuit appelé « bombyx du mûrier ». Nourri des feuilles du mûrier, le ver tisse un cocon pour devenir un papillon. Il suffit de cueillir les cocons sur l'arbuste et de les faire tomber dans l'eau chaude pour les ramollir. Ensuite, on les brosse pour dérouler la soie. Vois-tu, Lucie, pendant des milliers d'années, les Chinois ont jalousement gardé le secret de la fabrication de la soie. Quiconque révélait ce secret à un étranger risquait la peine de mort ! C'est seulement en 555 que des moines qui revenaient d'un voyage en Chine volèrent des vers à soie.

Cocon

Ils les ramenèrent en Europe et c'est ainsi que l'on commença à y fabriquer de la soie. Malgré tout, la Chine demeure aujourd'hui encore l'un des plus gros producteurs de soie.

Savais-tu, Lucie, qu'aujourd'hui, nous utilisons la soie d'autres animaux ? Celle que produisent les araignées, par exemple, est souple, légère et plus résistante que l'acier. Elle est tissée pour fabriquer des gilets pare-balles ultra résistants. Qui sait, peut-être que l'année prochaine, la mode vestimentaire sera de porter des jupes en soie d'araignée...

Porte-toi bien,
Génius

```
Objet : Le papier et les Arabes
Date : 20 décembre 2006
À : professeur Génius
_____

Bonjour professeur,
Mon ami Guy me dit que ce sont les Arabes qui
ont inventé le papier. Est-ce que c'est vrai?
Merci pour votre réponse.
Alexandre, 9 ans
```

Mon cher Alexandre,

Ton ami Guy n'a pas tout à fait raison! Faisons un saut dans le temps pour remonter aux origines du papier… Depuis qu'il sait dessiner et écrire, l'être humain a utilisé toutes sortes de supports pour s'exprimer. Il a commencé par graver et peindre sur des roches et des os. Puis il a tracé des signes sur du bois, de l'argile ou des bambous… Les Égyptiens furent les premiers à utiliser une feuille fabriquée à partir de tiges de papyrus (une plante aquatique qui pousse sur les bords du fleuve Nil). C'était il y a plus de 5 000 ans! Légère et solide, la feuille de papyrus a conquis l'ensemble des civilisations bordant la mer Méditerranée. ◄— Papyrus

Il y a environ 2300 ans, un nouveau support est adopté à Pergame, une ville de Mysie (la Turquie actuelle). C'est le parchemin! Cette peau de bête séchée et fortement étirée est plus coûteuse mais aussi plus résistante que la feuille de papyrus. Le papier, quant à lui, a vu le jour en Chine il y a environ 2100 ans. Tu verras peut-être dans certains livres qu'on situe cette invention vers l'an 105. Or, de récentes fouilles dans les ruines d'un village du Nord-Ouest de la Chine ont mis au jour d'anciens morceaux de papier datés de 200 ans plus tôt... Toutefois, la date de l'an 105 demeure importante car c'est à cette époque que Cai Lun, le ministre chinois de l'agriculture, a relevé par écrit la fabrication du papier. L'art de fabriquer du papier est resté secret pendant plus de 600 ans.

Parchemin

Même si les Arabes n'ont pas inventé le papier, tu pourras dire à Guy qu'ils ont joué un rôle considérable dans son histoire. Pourquoi ? Parce que grâce à eux, les pays à l'ouest de la Chine ont connu le papier et sa méthode de fabrication. Lorsque les Arabes gagnèrent la bataille de Talas (en Asie centrale) contre les Chinois en 751, ils firent des prisonniers chinois. Certains d'entre eux étaient papetiers et livrèrent le secret de la fabrication du papier aux vainqueurs... Voilà, jeune curieux, tu sais tout !

À bientôt et salue de ma part ton ami Guy,

Génius

Papier

Monsieur le professeur,

Je suis en troisième année et j'apprends les tables de multiplication. La plus dure, c'est la table de 7, à mon avis ! Savez-vous qui a inventé les chiffres ?

À bientôt !

Younes, 8 ans

Cher Younes,

Tu me rappelles bien des souvenirs... À ton âge, ces tables de multiplication me causaient, à moi aussi, bien des soucis ! Tu verras, elles finiront par entrer dans ta tête, ces tables ! Mais revenons à ta question...

Il y a près de 6 000 ans, les Sumériens utilisaient de petits objets d'argile pour compter. Ce sont les plus anciens « chiffres » connus. La forme et la taille de ces petits objets indiquaient les différents nombres.

Il y avait, par exemple, le petit cône qui représentait le chiffre 1, la bille qui était égale au 10 et le grand cône qui équivalait au 60. Tu sais, Younes, avant cette invention, les premiers êtres humains comptaient eux aussi! Mais à leur manière... Il y a plus de 20 000 ans, ils gravaient des entailles sur des os ou des roches. Ils dénombraient ainsi leurs prises de chasse. Mais revenons à nos premiers chiffres! Longtemps après les Sumériens, les peuples grec, romain et arabe ont longtemps utilisé un système avec des lettres comme chiffres. Voici, comme exemple, quelques chiffres romains (cette numération est apparue il y a environ 2 500 ans) :

I = 1	VI = 6	L = 50
II = 2	VII = 7	C = 100
III = 3	VIII = 8	D = 500
IV = 4	IX = 9	M = 1 000
V = 5	X = 10	

Aujourd'hui, ces chiffres romains sont parfois employés pour noter les siècles (XIXe siècle pour 19e siècle) ou pour indiquer l'ordre de succession des rois (Louis XIV, Napoléon III...). Les ancêtres de nos dix chiffres apparaissent en Inde, il y a environ 2200 ans. On les nomme chiffres « brahmi ». La grande innovation des Indiens a été d'inventer, pour chaque chiffre, un symbole nouveau qui était complètement différent des lettres. Au fil du temps, ces chiffres ont été raffinés par les Indiens puis par les Arabes. C'est comme cela qu'ils sont devenus « nos » 0, 1, 2, 3, 4, 5, 6, 7, 8, 9.

C'est tout pour aujourd'hui, mon jeune ami ! Garde courage pour tes tables de multiplication, tu arriveras à les mémoriser...

Génius

Bonjour prof !

J'aimerais savoir qui a inventé le chocolat.

Merci !

Kim, 7 ans et demi

Je vois que j'ai affaire à une jeune gourmande !... Avant toute chose, sais-tu que le chocolat est fabriqué à partir du fruit d'un arbre appelé « cacaoyer » ? Ce fruit, la cabosse, est brisé pour récupérer les fèves de cacao à l'intérieur. Ces fèves ressemblent un peu à des noyaux de gros fruits. Au cours d'étapes successives, elles sont nettoyées, grillées et broyées pour former une pâte de cacao bien fluide. À partir de cette pâte, on peut faire du cacao en poudre ou des tablettes de chocolat. Hummm... Tout ça me donne envie d'un petit carré de chocolat ! À l'occasion de ma fête, il y a quelques années, ma sœur m'a offert un voyage

Cabosse

Fèves de cacao

pour suivre les traces du chocolat. (Elle sait que je suis gourmand, moi aussi!) C'est ainsi que j'ai découvert que la région d'origine de

Cacaoyer

cette succulente substance était... l'Amérique latine! En effet, depuis des milliers d'années, le cacaoyer pousse naturellement en Amazonie, une immense région du Nord de l'Amérique du Sud. Les premiers à le cultiver furent les Mayas, il y a 3600 ans, sur les plaines du Xucatán au Mexique. Ces Amérindiens faisaient un breuvage en mélangeant les fèves de cacao avec de l'eau, du poivre et du piment. Cette boisson, qu'ils nommaient « xoxolatl » (il faut prononcer « chocolat ») était très épicée et très amère. La boisson de cacao était considérée comme une boisson divine. Elle avait beaucoup de succès!

Elle était énergisante, stimulante et même cicatrisante... On pouvait l'aromatiser avec plusieurs parfums comme le miel, la vanille ou la cannelle. Les Mayas ainsi que les Aztèques (une ancienne civilisation qui habitait au Mexique) se servaient aussi des fèves comme monnaie d'échange.

Le chocolat a traversé l'Atlantique vers l'Europe grâce à Hernán Cortés, un explorateur espagnol qui débarqua en 1519 sur les plages aztèques. La boisson qu'on lui fit goûter ne lui plut pas tout de suite. Mais dès qu'il ajouta du sucre à ce breuvage, il le trouva succulent et décida de le ramener avec lui en Europe. Je crois qu'on peut le remercier pour cette initiative, tu es d'accord avec moi ?

À bientôt, petite gourmande !
Génius

> Cher monsieur Génius,
> J'aimerais savoir comment faisaient les gens quand le réfrigérateur n'existait pas.
> Au revoir.
> Olivier, 9 ans

Mon cher Olivier,

Dès l'Antiquité, les gens ont trouvé de nombreuses astuces ingénieuses pour produire du froid et pour conserver leurs aliments au frais. On raconte qu'il y a plus de 2000 ans, Alexandre le Grand, le roi de Macédoine (un pays au nord de la Grèce), faisait rafraîchir des tonneaux de vin dans des fossés remplis de neige. À peu près à la même époque, les Grecs et les Romains creusaient un trou profond dans la terre. Ils y déposaient de la glace et la recouvraient de paille pour l'empêcher de fondre trop rapidement. Ces glacières primitives permettaient de conserver au frais pendant plusieurs mois les aliments qui y étaient entreposés. L'usage de ces glacières s'est répandu entre le 17e et le 19e siècle.

On a retrouvé quelques glacières datant de cette époque. Le trou était creusé profondément puis solidifié avec des murs de pierre. Il était ensuite recouvert de terre pour une meilleure isolation. Jette un coup d'œil au schéma de la glacière que je t'ai dessiné ici. Elle est impressionnante d'efficacité et de simplicité…

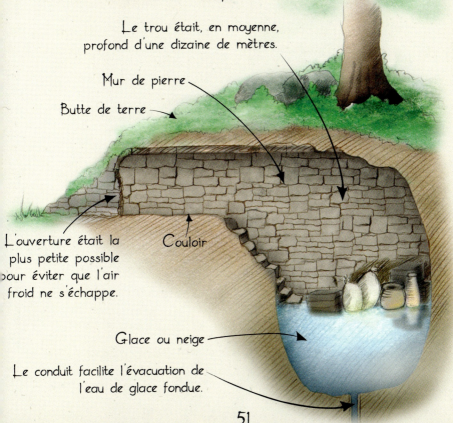

Le trou était, en moyenne, profond d'une dizaine de mètres.

Mur de pierre

Butte de terre

L'ouverture était la plus petite possible pour éviter que l'air froid ne s'échappe.

Couloir

Glace ou neige

Le conduit facilite l'évacuation de l'eau de glace fondue.

L'utilisation de ces glacières disparut progressivement après l'invention des machines à fabriquer de la glace artificielle dans les années 1850. Ces machines ont permis aux gens de conserver les aliments dans leur maison. Ils utilisaient une armoire de bois ou d'acier dans laquelle ils déposaient des blocs de glace. À propos, Olivier, le réfrigérateur électrique que nous connaissons aujourd'hui a été inventé quelques années plus tard par les ingénieurs suédois Balzer von Platen et Carl Munters. C'était au début des années 1920...

Affectueusement,
Génius

```
Objet : Les premiers métiers
Date : 12 novembre 2006
À : professeur Génius
```

Bonjour monsieur le professeur,
Je me demandais… Quand sont apparus les premiers métiers?
Merci d'avance.

Anne-Audrey, 8 ans

Chère Anne-Audrey,

Il semble que le premier métier soit apparu dans le « Croissant fertile », une région du Proche-Orient réunissant l'Irak, le Liban, la Syrie, la Jordanie, Israël, la Palestine, l'Egypte, la Turquie et la Cisjordanie. Il y a 12 000 ans, le climat de cette région du monde était devenu plus doux et plus humide qu'auparavant. Cela permit aux terres autrefois sèches, froides et désertes de devenir fertiles. Les céréales sauvages, comme le blé et l'orge, ont alors commencé à se multiplier et à former de véritables champs. Tu sais, Anne-Audrey, c'était un fait nouveau pour les humains de l'époque…

Auparavant, ils devaient se déplacer constamment pour trouver de quoi nourrir toute la tribu. Maintenant, devant l'abondance de nourriture, plus besoin de courir après ! Les humains décidèrent donc de s'installer de façon plus permanente. C'est ainsi que les premiers villages se construisirent, il y a près de 11 000 ans… Au fil du temps, la population des villages s'accrut. La chasse et la récolte des céréales sauvages furent bientôt insuffisantes pour nourrir l'ensemble du village. Alors, les êtres humains eurent l'idée de récolter les graines des céréales sauvages et de les semer. C'est ainsi qu'il y a 10 000 ans, les êtres humains commencèrent à cultiver les céréales, puis à élever du bétail.
Les premiers paysans et les premiers éleveurs

étaient nés... Par la suite, la vie du village fut rythmée par de nombreuses activités. Certains habitants se sont spécialisés dans la fabrication de briques et la construction de maisons, d'autres dans la poterie pour conserver les aliments, d'autres encore dans la boulangerie... Ce furent les premiers métiers !

Au fait, Anne-Audrey, quel métier as-tu envie de pratiquer plus tard ?

Génius

Cher Génius,

La semaine prochaine, avec mes parents, nous déménageons dans une maison plus grande parce que je vais avoir un nouveau petit frère... Je suis très content! Dites, professeur, j'aimerais savoir qui a inventé les maisons.

Merci!
Frédérick, 6 ans

Cher Frédérick,

Toutes mes félicitations pour ce nouvel arrivant dans la famille! Je compte sur toi pour transmettre mes compliments à tes parents!

Pour répondre à ta question, Frédérick, tu dois savoir qu'avant l'apparition des maisons, les humains habitaient dans des grottes ou dans des huttes. Ces dernières étaient faites d'os ou de branches et elles étaient recouvertes de peaux de bêtes. Il y a 11 000 ans, lorsque les humains se sont installés dans des villages permanents, ils ont abandonné leurs huttes provisoires pour construire des habitations plus solides et plus durables. Ces premières maisons étaient bâties avec des briques d'argile et de paille, moulées et séchées au soleil. Près de 3000 ans plus tard, les Sumériens construisirent des maisons plus élaborées. Leurs briques étaient cuites au four et assemblées avec une sorte de goudron naturel qui servait de ciment. De fait, les maisons étaient beaucoup plus solides et résistantes! Ainsi, au fil du temps, les maisons ont évolué. Les étages ont fait leur apparition, le chauffage et les salles de bain ont été installés… Petit à petit, les maisons ont été dotées de tout le confort moderne que tu connais aujourd'hui.

À bientôt, Frédérick, et prends bien soin de ton nouveau petit frère!

Génius

Monsieur Génius,
J'ai une question : quand est-ce que les premiers jouets ont été inventés ?
Merci !
Zoé, 7 ans

Chère Zoé,

La grande variété de jouets qui existent à travers le monde m'a toujours beaucoup frappé... Elle témoigne de la grande ingéniosité de l'être humain et de son esprit créatif ! Les plus anciens jouets connus ont été déterrés par des archéologues en Égypte. Ils sont âgés d'environ 4 500 ans. Tu sais, Zoé, même si nous n'avons pas trouvé de traces de jouets plus vieux, cela ne signifie pas pour autant qu'ils n'existaient pas auparavant...

Je suis persuadé que les jeunes enfants de la Préhistoire aimaient beaucoup s'amuser... Peut-être les petites filles aimaient-elles jouer avec des poupées faites d'os et de feuilles ? Peut-être aussi les petits garçons faisaient-ils des concours du plus beau dessin sur le mur de la caverne ?...

Mais revenons aux jouets qui ont été retrouvés ! Tous ces objets, découverts un peu partout dans le monde, nous permettent d'imaginer avec quoi les enfants jouaient. Ainsi, les petits Égyptiens aimaient beaucoup jouer avec des cerceaux, des poupées, des dés ou avec des petits animaux montés sur roulettes. Les jeunes Chinois jouaient, quant à eux, avec des cerfs-volants il y a environ 3 500 ans.

Les enfants grecs s'amusaient avec des yo-yo, des toupies et sur des balançoires, il y a 2 500 ans... Comme tu as pu t'en rendre compte, bon nombre de ces jeux existent encore aujourd'hui. Cela signifie qu'ils ont réussi à amuser les enfants de toutes les époques. Impressionnant, non ? Et toi, Zoé, à quoi aimes-tu jouer ?

Affectueusement,
professeur Génius

De : Macha
Sujet : Les bijoux
Date : 26 août 2006
À : professeur Génius

Cher monsieur Génius,
J'aime beaucoup les bracelets, les bagues et aussi les colliers. En fait, j'aimerais beaucoup savoir qui les a inventés, les bijoux.
Bisous xxx
Macha, 6 ans et demi

Chère Macha,

Lorsqu'elle était enfant, ma sœur partait à la recherche de coquillages chaque fois que nous débarquions sur une plage. Je me souviens qu'elle sélectionnait les plus beaux et demandait ensuite à mon père de les trouer délicatement. Elle s'en faisait ensuite de ravissants colliers... Elle était coquette, ma chère sœur, comme toi !

Tu sais quoi, Macha ? Eh bien, sans le savoir mon père et ma sœur utilisaient la même technique que celle des premiers bijoutiers de l'humanité ! En effet, les plus anciens bijoux que nous ayons découverts sont... des coquillages percés ! Ils ont été trouvés en 2002 dans une grotte de Blombos, située en Afrique du Sud. Ils ont près de 75 000 ans ! D'autres très vieux bijoux ont été fabriqués il y a environ 35 000 ans par l'Homme de Neandertal et l'Homme moderne (notre ancêtre). Tous deux étaient des bijoutiers adroits ! On pense que les bijoux de cette époque renseignaient sur l'âge, sur

le statut social (par exemple chef, chasseur, guetteur...) ou sur la tribu de celui ou celle qui le portait. Aujourd'hui, c'est un peu différent... Les bijoux sont essentiellement portés pour apporter une touche de raffinement à sa tenue vestimentaire.

Voilà pour ta réponse, belle Macha !

Je t'embrasse,
professeur Génius

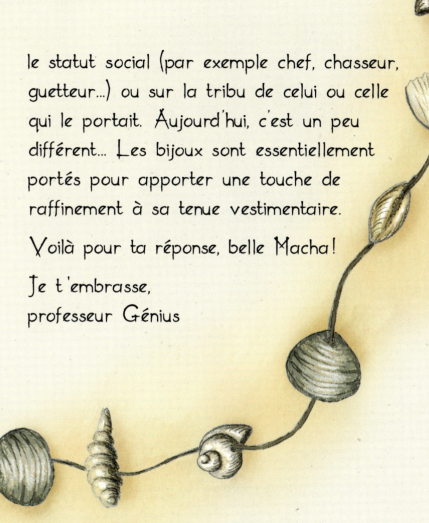

Monsieur le professeur,

Savez-vous qui a inventé le chauffage dans les maisons ?

Merci,
Benoît, 8 ans

Bonjour Benoît,

Lorsque l'être humain a découvert le feu, il a découvert en même temps sa douce chaleur... Depuis, il s'est servi du feu pour se chauffer et chauffer sa maison. Un petit foyer réchauffait l'intérieur des huttes et des premières maisons de l'Antiquité. Une des inventions les plus ingénieuses pour chauffer

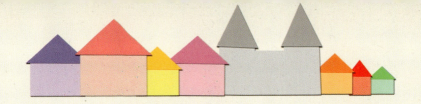

les maisons est l'hypocauste. Il s'agit de l'ancêtre du chauffage central. Le chauffage central a la particularité de chauffer une maison entière à partir d'une source de chaleur unique. La chaleur est ensuite distribuée dans les différentes pièces de la maison par un grand nombre de tuyaux.

Je dois te préciser que l'hypocauste existait chez les Grecs il y a environ 2 500 ans. Toutefois, c'est vers l'an 100 qu'il a été véritablement perfectionné et utilisé par les Romains. L'hypocauste est un dispositif très ingénieux qui chauffe la maison par le sol. Ce système est un modèle de simplicité. Laisse-moi te l'expliquer avec ce schéma que je t'ai dessiné sur les deux pages suivantes.

Cher professeur,

Dimanche dernier, mon papa a acheté un boulier chinois à un monsieur qui ne vend que des vieilles choses. Il m'a dit que les gens comptaient avec ça avant la calculatrice. Est-ce que c'est vrai ?

À bientôt,

Amélie, 7 ans

Chère Amélie,

Ton papa a tout à fait raison ! Les Chinois ont inventé le boulier voilà maintenant 5 000 ans. Il servait en effet à effectuer des calculs comme des additions, des soustractions, des multiplications et des divisions. Il réalisait même des opérations complexes, comme celles qu'effectue une calculatrice. Je me souviens qu'en 1945, un match de calcul avait été organisé au Japon. Il opposait un Japonais comptant avec son boulier et un Américain muni d'une calculatrice. Et devine quoi ? Le Japonais a remporté le match grâce à son boulier ! Surprenant, n'est-ce pas ?

Boulier chinois

Les bouliers sont aussi efficaces que les calculatrices. Ils sont d'ailleurs encore utilisés dans certains pays de l'Asie.

Au fait, Amélie, sais-tu quel type de boulier ton papa a acheté ? Car il en existe plusieurs. Les plus connus sont le boulier chinois (ou « suan pan »), le boulier japonais (ou « soroban ») et le boulier russe (ou « stchoty »). Les bouliers chinois et japonais sont formés d'un cadre en bois. À l'intérieur, se trouvent plusieurs tiges sur lesquelles des boules glissent. Ces boules sont réparties de part et d'autre d'une barre centrale. Voyons un peu comment on peut lire un nombre sur un de ces bouliers. (Tu peux t'aider de mon illustration à la page suivante.) Chaque tige représente la position des chiffres dans le nombre. Je t'explique. En partant de la droite, il y a d'abord les unités,

puis les dizaines, les centaines, les milliers, etc.
Ensuite, chaque boule située au-dessus de la barre centrale prend la valeur de 5 tandis que celles qui sont dessous valent 1.
Le principe est de ne compter que les boules qui sont serrées contre la barre centrale.
Je t'ai dessiné un exemple avec un boulier chinois représentant le nombre 7925.

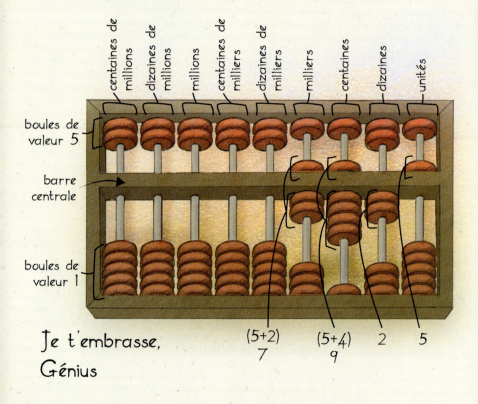

Je t'embrasse,
Génius

Monsieur Génius,
Est-ce que les hommes préhistoriques se lavaient les dents avec du dentifrice ?
Merci !
Jonathan, 6 ans

Cher Jonathan,

J'espère ne pas trop te décevoir en t'apprenant que les humains de la Préhistoire ne connaissaient pas le dentifrice ! Toutefois, je peux t'affirmer que plusieurs peuples de l'Antiquité avaient à cœur la santé de leurs dents. Le premier indice qui nous informe de l'existence du dentifrice est un papyrus égyptien âgé d'environ 3 500 ans. Il s'agit d'un des plus anciens traités médicaux que l'on ait retrouvés. En plus de décrire de nombreuses maladies, ce papyrus donne quelques recettes de dentifrice composées de poudre de fruits de palmier, de terre et de miel. Avec leurs doigts ou à l'aide d'un petit bout de bois, les Égyptiens s'en frottaient les dents. D'autres pays avaient eux aussi leurs propres recettes de dentifrice, tu sais... En Chine, les pharmaciens conseillaient de se frotter les dents avec de l'urine afin de prévenir le mal de dents, fortifier les gencives et blanchir les dents. Cela te semble sans doute un peu dégoûtant, mais je t'assure que cette technique fonctionnait ! (Elle a même été utilisée à la cour du roi de France dans les années 1500.) En Grèce, on se servait de la craie pour blanchir les dents. On recommandait aussi l'emploi d'un dentifrice à base de poivre et de bouillie de lentilles. Les médecins romains, quant à eux, conseillaient de nombreux mélanges de poudre de bois de cerf, de charbon, de coquillages, de pierre ponce...

Bien sûr, aujourd'hui, on a découvert des formules de dentifrice qui sont très différentes de celles de l'Antiquité. Un des grands progrès est, qu'en plus de nettoyer, le dentifrice protège les dents des caries. C'est un rôle que les anciens dentifrices ne jouaient pas !

Voilà pour ta réponse, mon jeune ami. N'oublie pas de bien te brosser les dents après chaque repas. Il en va de la santé de tes petites dents !

Génius

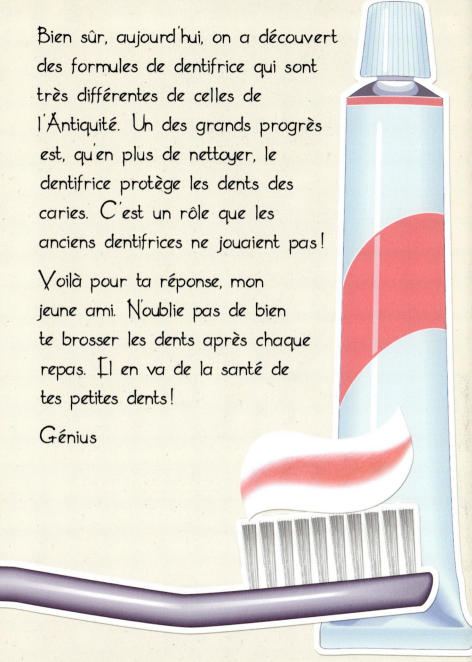

Cher professeur,
J'aimerais savoir comment faisaient les gens pour se soigner avant l'invention des médicaments.
Merci professeur.
Marie-Laurence, 8 ans et demi

Chère Marie-Laurence,

Lorsque ma sœur et moi avons eu la varicelle à l'âge de 6 ans, ma grand-mère a appliqué directement sur nos boutons du vinaigre de cidre de pomme. Ce remède-maison très efficace calmait rapidement nos démangeaisons! Je me souviens aussi du jour où mon père a eu une bronchite... Ma grand-mère avait alors fait cuire des pommes de terre, les avait écrasées puis déposées entre deux tissus. Elle avait ensuite posé ce « pansement » sur la poitrine de mon père pendant deux heures, trois fois par jour. Quelques jours plus tard, mon père était sur pied, guéri ! Tous ces remèdes, ma grand-mère les tenait de ses grands-mères et arrière-grands-mères. Elle croyait beaucoup à ces « médicaments » naturels... Ce que je veux te dire en te racontant ces histoires, c'est qu'avant l'apparition des médicaments, au début du 20e siècle, les hommes et les femmes se tournaient vers la nature pour soigner leurs petits et leurs gros bobos. Il y a plus de 6 000 ans, les Sumériens utilisaient les feuilles d'un arbre, le saule blanc, pour soulager la douleur. Pour leur part, les Amérindiens avaient découvert les vertus des feuilles de l'arbuste hamamélis bien avant que les explorateurs européens débarquent sur le continent. Ils l'utilisaient pour arrêter

Feuilles d'hamamélis

les saignements et calmer les brûlures. Jusqu'à la fabrication des médicaments, les gens se soignèrent avec ces remèdes naturels (aujourd'hui, on les appelle « les remèdes de grand-mère » !). En fait, Marie-Laurence, les chimistes qui ont fabriqué les premiers médicaments se sont largement inspirés de ces vieux remèdes. Par exemple, l'aspirine a été fabriquée à partir des feuilles de saule blanc... En quelque sorte, les Sumériens avaient découvert l'aspirine avant tout le monde !...

Prends soin de toi,
Génius

Feuilles de saule blanc

Cher professeur,
J'aime beaucoup vous envoyer des lettres !
J'ai une question pour vous : Est-ce que ça fait longtemps que la poste existe ?
J'attends votre réponse.
Merci !
Sami, 7 ans

Cher Sami,

J'aime beaucoup recevoir les lettres de jeunes curieux comme toi ! Vos questions amusantes et intelligentes me plaisent toujours autant... Pour répondre à ta question, l'histoire de la poste a commencé il y a bien longtemps ! Voilà 4 000 ans, les Égyptiens envoyaient déjà des messagers à travers le pays.

Ces derniers avaient pour mission de transmettre les messages entre les différentes villes. Les autres peuples de l'Antiquité, comme les Chinois, les Perses et les Grecs, avaient eux aussi organisé ce même système de poste. Quant aux Romains, ils avaient développé un dispositif très organisé, il y a un peu plus de 2000 ans. Tu sais, Sami, à l'époque, les routes n'étaient pas aussi nombreuses qu'aujourd'hui et les messagers (nos facteurs d'aujourd'hui…) voyageaient à cheval. Le courrier pouvait mettre plusieurs jours avant d'arriver à son destinataire. Les Romains avaient donc construit des relais le long des routes. Ces relais étaient des auberges dans lesquelles les messagers pouvaient se reposer, se nourrir et changer de cheval. Cette organisation a été maintenue jusqu'à l'invention du train au début du 19ᵉ siècle. Depuis, le courrier voyage beaucoup plus rapidement : il est trié la nuit et distribué le lendemain.

Aujourd'hui, mon jeune ami, tu peux m'envoyer un message par la poste, mais tu peux aussi utiliser Internet. Je recevrai ton message encore plus rapidement ! Je garde tout de même un petit faible pour le courrier postal. Il me permet de voir à quoi ressemble ta jolie écriture...

Bien à toi,
Génius

> Professeur Génius,
> Depuis quand la musique existe-t-elle et qui l'a inventée?
>
> Mélodie, 11 ans

Ma chère Mélodie,

Nous ne savons pas exactement quand, où ni comment la musique a été inventée. Ce qui est sûr, toutefois, c'est que les premiers humains « vibraient » déjà au son de la musique. Les premiers instruments de musique furent sans doute les mains et les pieds. Lors de fouilles archéologiques, les chercheurs ont retrouvé un grand nombre d'os troués qui servaient de flûtes... Ces indices du passé nous indiquent que la nature fut aussi une grande source d'inspiration pour les êtres humains de la Préhistoire... Ces derniers ont rapidement réalisé que de simples objets, comme des coquillages, des morceaux d'os ou de bois pouvaient être transformés pour produire des sons mélodieux.

Des dessins peints sur les parois de certaines cavernes d'Europe nous indiquent aussi que la musique était bien présente dans la vie des premiers humains. Tu peux jeter un coup d'œil au dépliant du Musée d'histoire naturelle. Il représente une peinture vieille de plus de 15 000 ans qui a été retrouvée dans une grotte du Sud de la France.

Grotte des Trois-Frères, Ariège, France

Derrière des animaux en fuite, un personnage déguisé en bison joue de l'arc musical (un lointain ancêtre de la harpe).

Malgré tous ces indices, personne ne sait encore vraiment à quels usages les hommes et les femmes de la Préhistoire destinaient la musique. A-t-elle servi à imiter le chant des oiseaux pour la chasse ? Soulignait-elle certaines pratiques religieuses ? Accompagnait-elle les grands moments de la vie, comme la naissance et la mort ? Pour ma part, j'aime bien m'imaginer que c'est maman Cro-Magnon qui a inventé la berceuse, un soir où bébé était plus pleurnichard que d'habitude...

Génius

Monsieur le professeur,

J'aimerais beaucoup connaître la date d'invention du pain. La connaissez-vous ?

Lou, 6 ans

Bonjour Lou !

J'aimerais beaucoup répondre à ta question, malheureusement, même les scientifiques qui étudient les époques anciennes ne connaissent pas la date exacte de l'invention du pain. Mais je peux quand même te dire que le plus vieux four à pain que l'on connaît actuellement a été construit il y a près de 8000 ans. Il se trouve dans une ancienne ville du Centre-Sud de la Turquie, Tçatal Höyük. Le pain qu'on y cuisait était une galette de farine de céréales. Le pain que nous mangeons aujourd'hui, avec sa croûte et sa mie, a été fabriqué bien plus tard par les Égyptiens, il y a environ 5 000 ans. Je me souviens d'avoir lu dans mon encyclopédie mondiale des aliments une légende qui raconte l'histoire du pain. La voici. Un soir qu'il avait beaucoup de travail, un boulanger égyptien laissa traîner à l'air libre une bouillie de céréales. Durant quelques heures, un organisme microscopique contamina la bouillie. Le lendemain, le boulanger s'aperçut que la bouillie avait doublé de volume. Il décida tout de même de la cuire. À la sortie du four, il dégusta son pain et apprécia sa légèreté et son goût.

Voilà comment serait né le pain. Belle histoire, non ? Tu te demandes sans doute pourquoi la bouillie a gonflé... C'est très simple ! Le pain est fabriqué avec de la farine, de l'eau, un peu de sel et surtout avec de la levure. La levure est un minuscule organisme vivant qui adore le sucre. Plus elle en mange et plus elle se multiplie ! Elle dévore donc les sucres qui sont présents dans la farine. Ce faisant, elle rejette du gaz. C'est lui qui fait gonfler la bouillie et qui forme les petites bulles de la mie de pain. Ce procédé s'appelle la fermentation.

Très vite, le pain a été apprécié dans les pays voisins qui, bientôt, n'ont plus pu s'en passer. Depuis, les peuples ont inventé de nouvelles recettes et ont perfectionné la technique de fabrication.

Aujourd'hui, il existe presque autant de variétés différentes de pain qu'il existe de pays !

Je t'embrasse,
Génius

> Cher professeur,
> Depuis quand les couteaux, les fourchettes et les cuillères existent-ils?
> Merci,
> Maïka, 8 ans

Chère Maïka,

Quand j'avais ton âge, le dimanche était un jour un peu particulier. Ce jour-là, ma sœur et moi avions droit à une permission spéciale... Nous pouvions manger nos frites avec nos doigts! Les humains de la Préhistoire, qui mangeaient tous les jours avec leurs doigts, auraient trouvé cette permission bien bizarre... Tu dois savoir, Maïka, que les couteaux, les fourchettes et les cuillères existent depuis bien longtemps. Ce qui est drôle, c'est que ces couverts n'ont pas été inventés pour être utilisés à table... Ils ont d'abord été employés pour faire la cuisine, servir les repas ou pour se défendre (le poignard, par exemple).

L'ancêtre du couteau a été inventé au début de la Préhistoire. Les humains avaient besoin de couper et de trancher la viande qu'ils rapportaient de la chasse. Pour cela, ils taillèrent des pierres très finement, ce qui donna un outil extrêmement tranchant ! Les premiers couteaux en métal sont ensuite apparus il y a plus de 7 000 ans. Quant au premier couteau de table, il date des environs de l'an 1000. Il était toutefois réservé aux personnes très riches.

Pour ce qui est de la cuillère, on pense qu'elle est âgée d'environ 20 000 ans. À cette époque, les hommes et les femmes mangeaient, en plus de la viande, beaucoup de bouillie de céréales. Cela nécessitait un outil adapté... Mon ami, le paléontologue Jack S. Kelleth, m'a raconté que les premières cuillères étaient des coquillages et des coques de fruits. Petit à petit, elles ont été fabriquées en bois, en os, en terre cuite puis en métal.

Quant à la fourchette, Maïka, ses ancêtres sont apparus au cours de l'Antiquité. Les Égyptiens et les Romains se servaient de « crocs » (une sorte de fourchette à plusieurs piques) pour saisir la viande qui cuisait dans les chaudrons. Les Romains, comme les Grecs, utilisaient aussi une grande fourchette munie de deux piques. Elle leur servait à maintenir

Croc romain

la viande pendant qu'on la coupait. C'est seulement à la fin du 17ᵉ siècle que la fourchette fut couramment utilisée comme couvert à table. Au fil du temps, cette dernière devint plus petite et surtout elle gagna deux piques de plus! Elle est demeurée un objet de luxe jusqu'au 18ᵉ siècle.

Voilà pour la petite histoire du couteau, de la fourchette et de la cuillère...
J'attends tes nouvelles questions, Maïka.

À très bientôt!
Génius

> Cher professeur Génius,
> J'aime bien l'été parce qu'on peut manger des crèmes glacées ! Mon parfum préféré, c'est la vanille ! Savez-vous quand la crème glacée a été inventée ?
> À bientôt.
> Jacinthe, 8 ans

Bonjour Jacinthe,

Je me suis toujours dit qu'un été sans crème glacée serait bien triste ! As-tu déjà remarqué comme les personnes qui attendent devant un marchand de crèmes glacées ont toujours le sourire aux lèvres ? Je suis sûr que c'est parce qu'elles donnent un petit goût de vacances à celui qui les déguste ! Tu sais, Jacinthe, c'est en Chine que les premières crèmes glacées sont apparues, il y a plus de 5 000 ans. Elles étaient faites d'un mélange de fruits, de miel et de neige. Les civilisations anciennes étaient aussi gourmandes que nous... Il y a plus de 2 000 ans, le khalife de Bagdad (le roi, si tu préfères) dégustait des sirops de fruits refroidis avec de la neige.

Les Arabes appelaient ces sirops glacés « sharbets » (le mot français « sorbet » vient de là !). En Macédoine, le roi Alexandre le Grand servait à ses amis des fruits, coupés en tout petits dés, mélangés avec du miel et refroidis contre de la neige. J'aime aussi beaucoup l'histoire de l'empereur romain Néron, qui régnait il y a 2000 ans. Il adorait la neige parfumée au jus de fruits et au miel. Alors, avant chaque banquet, il envoyait des esclaves au sommet des monts Apennins pour lui ramener de la neige.

Ces monts étaient situés à 400 kilomètres de la ville de Rome ! Un sacré trajet pour une gourmandise, non ?

On raconte que c'est l'explorateur italien Marco Polo qui ramena de son voyage en Chine la recette de la crème glacée que l'on connaît aujourd'hui. D'abord destinée aux rois italiens, la crème glacée eut ensuite un immense succès auprès de la population. Très vite, sa popularité s'est étendue dans toute l'Europe puis, plus tard, en Amérique.

Voilà, ma chère Jacinthe, tu sais tout sur l'origine de la crème glacée.

À bientôt,
Ton ami Génius

P.S. : Mon parfum préféré, c'est le chocolat...

Index

ABCDE

allumette 6
alphabet 12, 13, 14
argent 21, 22, 23, 24
autobus 32
balançoire 60
bateau 18, 19, 20
bateau à vapeur 20
bateau à voile 18, 19, 20
biface 9
bijoux 61, 62, 63
boulier 68, 69, 70
briquet 6
calculatrice 68, 69
cerceau 59
cerf-volant 59
chauffage 64, 65
chiffres 44, 45, 46
chiffres brahmi 46
chiffres romains 45, 46
chocolat 47, 48, 49
courrier 78, 79
couteau 87, 88
couverts 87, 90
crème glacée 91, 92, 93
cuillère 87, 88, 89
découverte 5
dentifrice 71, 72, 73
dés 59
écriture 10, 11, 12, 13
éleveur 54

FGHIJ

feu 5, 6, 7, 65
fourchette 87, 89, 90
glacière 50, 51, 52
hachoir 8, 9
hypocauste 65, 66, 67
invention 5
jouets 58, 59, 60

KLMNO

maisons 55, 56, 57
médicaments 74, 75, 76
métiers 53, 55
monnaie 21, 23, 24
musique 80, 81, 82

PQRST

pain 83, 84, 85, 86
papier 41, 42, 43
papyrus 41
parchemin 42
parfum 15, 16, 17
patins à glace 25, 26, 27
paysan 54
poste 77, 78, 79
poupée 59
rames 19
rayons 34
réfrigérateur 50, 52
remèdes 75, 76
roue 20, 31, 32, 33, 34, 35
savon 28, 29, 30
ski 36, 37
soie 38, 39, 40
soie d'araignée 40
sorbet 92
toupie 60
traverse 34, 35
troc 21, 22

UVWXYZ

vélo 32
voiture 32
yo-yo 60

Un grand merci...

À Martine Podesto, pour sa confiance et son support.

À Claire de Guillebon, pour ses bons mots.

À Anouk Noël pour ses conseils de dessin et ses merveilleux coups de crayons. À Jocelyn Gardner et Alain Lemire pour leur efficace coup de pouce.

À Josée Noiseux pour la belle organisation de ce carnet, à Émilie Corriveau et Danielle Quinty pour l'avoir efficacement secondée. À Anne Tremblay pour son œil averti.

À Odile Perpillou et Nathalie Fréchette pour la direction parfaite de la production de ce carnet.

À Gilles Vézina, pour m'avoir aidé à trouver de belles photos.

À Claude Frappier, pour la révision linguistique des textes.

À Stéphanie Lanctôt, pour la validation du contenu scientifique de ce carnet.

Un merci tout spécial à Caroline Fortin, François Fortin et Jacques Fortin qui, comme toujours, m'apportent leur soutien.

Et le meilleur pour la fin : un énorme merci à tous les curieux qui m'ont envoyé leurs questions... J'attends avec impatience les prochaines !

À bientôt pour un prochain carnet !

professeur Génius

Crédits photos

p. 48 : Cacaoyer © Vic Aboudara/iStockPhoto.com / **p. 60 :** Garçon à la balançoire © Josée Noiseux / **p. 69 :** Boulier chinois © Hélène Brion.